Arno Wilhelm

ICH WÄR GERN EIN PANDABÄR

Arno Wilhelm

Ich wär gern ein Pandabär
Lyrik

1.Auflage

Arno Wilhelm: Ich wär gern ein Pandabär. Lyrik
1. Auflage
ISBN: 978-3-741222-71-9

Gestaltung, Satz: Arno Wilhelm
Lektorat: Stephan Weidner

Foto S.105: Nadine Heßdörfer

Alle Rechte vorbehalten

Das Werk einschließlich aller seiner Teile
ist urheberrechtlich geschützt

Herstellung und Verlag:
BoD - Books on Demand, Norderstedt
Printed in Germany

Die Deutsche Bibliothek verzeichnet diese Publikation
in der Deutschen Nationalbibliografie; detaillierte bibliografische Daten sind im Internet über
http://dnb.ddb.de abrufbar

Inhaltsverzeichnis

Stadtgespräche	9
Fleischeslust – dem Döner gewidmet	11
Widersprüche	12
Eine Ode an Ikea	14
Ernährungsgewohnheiten eines mitteleuropäischen Großstadtbewohners zur Sommerzeit	15
Politikverdrossen	16
Nach der Zeitungslektüre	18
Die drei Jahreszeiten	19
S-Bahn fahren	20
Auf der Straße	22
Der Rhythmus der Stadt	24
In Liebesdingen	25
Zum Jubiläum	26
Weiter Weg	27
Ich habe dir heute kein Lächeln geschenkt	28
Moderne Komplimente	29
Blut und Wasser	30
Am tiefsten Punkt	31
Stimmungscocktail	32
Liebe ist...	34
Vom Schreiben	35
LyrikPlag	36
Schöpferglück	39
Offener Brief	40
Langer Atem	41
Zungenbrecherqualität	43
Homo Misanthropicus	44
Der Bischof	46

Früher und Heute 47
Mal wieder 48
Wunschdenken 49
Die rechte Ecke 50
Weitergehen 52
Jobsuche 53
Stubenkoller 54
Nein, Frau Doktor 56
Moderne Kleingärtnervereine 58
Mir selbst zum Geburtstag 60
Helden 62
Vergangene Zeiten 64
Ungewissheit 66

Kindereien 67
Diese eine Zeit 68
Sturmfreizeit 70
Wochenendausflug 71
Arbeitsbedingungen 72
Größer werden 74
Winzig 75
Nachwuchs 76
Erziehung ist scheiße 78
Kassettenkind 80

Von Narren und Träumen 83
Werbebetrug 84
Große Fragen 85
Im Dunkeln ist gut Munkeln 86
Relativ schwer 87
Was glücklich macht 88
Manchmal 89
Warum ich so zufrieden bin 90
Ich wär gern ein Pandabär 91

Im Kreuzverhör	92
Ich wäre gern ein alter Mann	94

Anhang:
Jack Rodman - der ganzen Wahrheit erster Teil

1	98
2	99
3	100
4	101

Kapitel 1
Stadtgespräche

Fleischeslust – dem Döner gewidmet

Du einzigartiger und schöner
Gaumen-, Rachen-, Mundverwöhner
Döner – ich kann und will es einfach nich'
ein Leben führen ohne dich.
Du, der du noch fehlst im Duden
in kleinen Hütten oder Buden
wirst du bestellt und dort inmitten
erschaffen in wenigen Schritten:

Kommt das Brotwärmen zum Schlusse
zu vollkommnen den Genusse
gibt es derer Soßen drei
Kräuter, Knoblauch oder scharf
für die man sich entscheiden darf.
Mit allem oder ohne Zwiebeln?
Wie ein Haus mit sieben Giebeln,
so wird der Döner dann gebaut,
Schicht für Schicht im Brot gestaut.
Als König der Delikatessen,
für dich bereit, ihn aufzuessen.

Und ohne Aufsehen, ohne Terz
leg ich dir noch was ans Herz:
Um den Geschmack nicht zu verprellen
stets mit normalem Fleisch bestellen
nicht vegetarisch oder Huhn
so darfst auf keinen Fall du tun

Denn schon Gott hat es dereinst geschrieben:
Du sollst nur einen Döner lieben

Widersprüche

Ich sitze und fahre und schreibe schon wieder
denk nach über früher und über Berlin
über den, der ich war, der ich jetzt nicht mehr bin
die Liebe zur Stadt und den Wunsch wegzuziehen

Ich sitze und esse und rede vom Fasten
denk an die Uni und schreib Poesie
lauf immer weiter und würd' so gern rasten
doch ohne Hilfe gelingt mir das nie

Fahr von dir weg und wär so gern bei dir
halte den Mund und würde gern etwas sagen
arbeite ständig und fühle mich faul
der Kopf ist so leer, und doch voller Fragen

Bin ich mal da, will ich gleich wieder weg
es scheint gut, jetzt zu gehen, doch ich würd' so gern bleiben
stehe nie still, irgendwas muss geschehen
sitz in der Bahn und will nicht drüber schreiben

Froh und verwirrt und beunruhigt zugleich
bin jetzt Vater und fühl mich manchmal wie ein Kind
Glücklich und jauchzend und völlig zerstreut
Komm mir alt vor und merke, wie jung wir doch sind

Ich zweifle so viel und ich fühl mich zufrieden
bin wie ich sein will und kann es kaum glauben
Am Abend wird's dunkel, ich leg mich ins Bett
Der Schlaf kommt vorbei und ich öffne die Augen

Eine Ode an Ikea

Oh welch großer blauer Tempel
hier so vielerorts präsent
voller Möbel, voller Krempel
durch dessen Gänge niemand rennt

Bis hin zu den Kassendamen
wird hier geschlendert und geguckt
da ein schöner Bilderrahmen
hier ein kleines Kind, das spuckt

Egal wie kurz die Einkaufsliste
wie wenig man auch kaufen will
nach zwei, drei Stunden endlich biste
am Auto - vollgepackt mit Müll

Zwar auch was du kaufen wolltest
doch obendrauf gesellen sich
Gläser, Tassen, kleine Boxen
und Teelichter noch zusätzlich

Erschöpft langst du zuhause an
und schwörst dir nie zurückzukehren
doch der Wille hält nicht lang
kannst nicht ewig dich erwehren
wirst bald den blauen Tempelbau
erneut mit Einkaufslust beehren

Ernährungsgewohnheiten eines mitteleuropäischen Großstadtbewohners zur Sommerzeit

Ich ess Blumen
von der Blüte zu den Krumen
auch Stiel und Blätter
bei Wind und Wetter
von früh bis spät
mach ich Diät
doch wenn bei Nacht
der Hunger lacht
ess ich Döner
das ist schöner

Politikverdrossen

Ich würde so gern über Wahlen schreiben
über Wahlkampf, Macht und Demokratie
über all das geschäftige Treiben
Politik und erzeugte Hysterie

Aber ich kann nicht
und will es auch nicht
jedes Mal zieht's mir die Augen zu
der Kopf rutscht aufs Kissen
ich schlafe im Nu

Ich würde so gern über die Kanzlerin schreiben
taktiles Verhalten und die Opposition
das Eröffnen von Wahrheit in winzigen Scheiben
zu viele Worthülsen und zu wenig Vision

Aber ich kann nicht
es langweilt mich so
nicht mal für Wut reicht
das Glimmen in mir
und wieder zieht es gleich
die Augen mir zu

Bin von all dem Unsinn frustriert
vollkommen politikverdrossen
ungewöhnlich unentschlossen
und eine Prise desinteressiert

Doch bevor sich der Frust alle Glut einverleibt
überliste ich ihn, ganz gerissen und schlau
weil ich weiß, dass nur eine Chance noch bleibt
und was ich jetzt mache, ich weiß es genau

Auf zum Laptop, ich werd' mich verdammen
ich tu mir jetzt bewusst richtig weh
um meine Wut neu zu entflammen
mit den Reden vom Parteitag der AFD.

Nach der Zeitungslektüre

Nach den neuesten Berichten
Zeitungs-Zeitgeschichten
denk ich mir voll Graus
zusammenfassen ist so einfach wie noch nie:

Die kleinen Kriminellen, die rauben Banken aus
die intellektuellen Kriminellen, die betreiben sie.

Die drei Jahreszeiten

Noch nicht lange ist es her
da stöhnten viele Leute
über die Hitze mehr und mehr
auch wenn sich mancher freute

Dann kam der doofe Herbst schon wieder
massig Regen ging darnieder
auch da wurde sich vermehrt
übers Wetter gern beschwert

Und nun, da schlottern sie vor Kälte
und ärgern sich über das Wetter
das zuverlässig sich einstellte
so wie stets zur Winterzeit

Ich höre zu und voll Verdruss
finde ich nur zu dem Schluss:

Der Deutsche, der kennt Wettersorten
hier und allerorten
nur von dreierlei Gestalt:

Es ist zu warm, es ist zu kalt
oder zu nass für ihn alsbald

S-Bahn fahren

Und schon wieder S-Bahn fahren
um mich herum blühen Geschichten

Manch einer tönt mit Großgebaren
ein anderer ruht zwischen zwei Schichten
so viele beisammen und jeder allein
zwischen Trends und Moden
zwischen Sein und Schein

Sie blicken zu Boden
und sehen sich nicht
Ich sitz hier inmitten
und schreib ein Gedicht
über Wünsche und Bitten
und all jene Sachen
die die Wesen um mich
zu Menschen machen
die in jedes Gesicht
die Züge meißeln
und so viel erzählen
wie sie sich geißeln
und quälen

Was sie erleben
wie sie ihr Geschick
in die Tage verweben
Meist genügt schon ein Blick
und der Stoff reicht mir Jahre
zum Schreiben und Grübeln

Das was ich erfahre
dürft ihr mir nicht verübeln
Ich rate ja nur
und interpretiere
auf weiter Flur
und analysiere
was mir so begegnet
was in meiner Welt
ins Auge mir fällt

Tagtäglich in Scharen
beim S-Bahn fahren

Auf der Straße

Nein, ich möchte nicht spenden
und ich unterschreib
nichts auf deinem Klemmbrett
also bleib mir vom Leib

Ich lauf nicht so eilig hier durch Gegend
weil ich ein Mensch bin, dem langweilig ist,
der Dialog sucht und so gerne bewegend
erörtert, dass die Welt schrecklich unheilig ist

Auch die Kopfhörer, die mir die Ohren
verschließen
in Verbindung mit meinem starrenden Blick
lassen den weisen Geist darauf schließen
Vor diesem Mann treten wir lieber zurück
Der hat's eilig und will keine Vorträge hören
Sei das Thema auch noch so prekär
Deshalb werden wir den jetzt lieber nicht stören
Und machen uns doch über die Touris her

Mein Desinteresse gilt auch nicht dir als Person,
Naja, obwohl, also irgendwie schon
Aber es ist nicht persönlich
Tust ja nur deinen Job
Wenn auch mehr als gewöhnlich
Doch ich weiß nicht recht ob
Deine Taktik mich hier am Ärmel zu ziehen
So klug ist, man hört ja so oft, Berlin
Sei so ne harte, gefährliche Stadt
In der manch einer ein kleines
Aggressionsproblem hat

Ich tu dir schon nix, ich wollt' es nur sagen
Komm später nicht an mit Jammern und Klagen
Wenn dir dann doch wer kraftvoll gestresst
Zeigt dass man von Fremden die Finger weglässt

Wenn du mir nicht mehr meiner Zeit abverlangst
Dann geh ich jetzt weiter und - nur keine Angst.

Der Rhythmus der Stadt

Das sanfte Rauschen der Straße
die U-Bahn klappert im Takt
Touristen rümpfen die Nase
so klingt der Rhythmus der Stadt

Wo Türen sich öffnen und schließen
gegenüber von hier kläfft ein Hund
der lautstark hustende Nachbar
klingt alles andere als gesund

Sprache fließt ineinander
ein babylonisches Gewirr
gewebt aus so vielen Nationen
über mir klappert Geschirr

Betrunkene lallen vorüber
zwei Obdachlose verkaufen ihr Blatt
auf den Dächern trommelt der Regen
so klingt der Rhythmus der Stadt

Kapitel 2
In Liebesdingen

Zum Jubiläum

Ich sag es kurz und aufrichtig:
dich, mein Schatz, dich liebe ich
nicht mehr so wie am ersten Tag
nein, ganz anders, denn ich mag
und liebe dich viel mehr

Am Anfang kennt man ungefähr
fünf Prozent einer Person
das Aussehen und das war's fast schon
kombiniert mit ein paar Sätzen

Erst die Zeit lehrt einen schätzen
wer der Partner wirklich ist
wie weit die eigene Liebe misst
ich hab so viel von dir erfahren
in all diesen letzten Jahren
von denen ich nie eins bereute.
Was folgt, zu sagen hier und heute
fällt mir gar kein bisschen schwer:

Ich liebe dich tagtäglich mehr

Weiter Weg

Ein weiter Weg liegt vor
und ein weiter hinter uns
die Temposchwankungen der Zeit
sind ihre eigene, feine Kunst

Heut hab ich nicht viel zu sagen,
keine neuen, offenen Fragen
nur schöne simple Lebensfreude.
In diesem standfesten Gebäude
das uns unsere Liebe baut
wo man sich schützt und sich vertraut.

Heut wollt' ich nur, dass ich dir sag:

Ich freu mich über jeden Tag.

Ich habe dir heute kein Lächeln geschenkt

Auf dem Weg zur Arbeit
wird mir ganz plötzlich klar
welch große Kleinigkeit
heute vergessen war

Ich habe dir heute kein Lächeln geschenkt
nicht mal ein kleines
noch nicht mal fast
war zu sehr in Gedanken, zu abgelenkt
hab meine Chance verpasst

Ist das der Punkt an dem es sich wendet?
Was heißblütig beginnt
und mit Rheuma-Decken endet.
Zuerst nur kein Lächeln,
dann vergisst man den Kuss
der bei jedem Abschied
so dringend sein muss,
dann berührt man sich nicht mehr
wird einander fremd
älter und grauer
und voreinander gehemmt

Ich habe dir heute kein Lächeln geschenkt
nicht mal ein kleines
noch nicht mal fast
ich laufe zurück und lächle dich an
und küsse dich so lang ich kann
wie du es nicht nur dann und wann
und auf keinen Fall nur fast
sondern tagtäglich ein Leben lang
von Herzen dir verdient hast

Moderne Komplimente

Wärst du eine Facebookseite -
dann würde ich dich liken
Dich lieben und ehren, bis unsere Server streiken
Dein Aussehen genießen, deine Privatsphäre
erkunden
Auf dir verweilen, Tag für Tag so manche Stunden
Dich nicht teilen sondern stets für mich behalten
Und bis zum letzten Post verwalten

Blut und Wasser

Sie sehen mir so ähnlich
und sind mir doch so fremd
die Zeit vergeht gemächlich
Gespräche sind wie stets gehemmt

Kaum etwas verbindet uns
Erinnerung und DNA
alles ist nur Schein und Dunst
Schall und Rauch und viel Blabla

Blut ist dicker als Wasser
doch Wasser hilft beim Überleben
Tag für Tag nicht aufzugeben
der Mensch lebt nicht vom Blut allein
vom Kind, Neffe und Enkel sein

Uninformiert sind sie und ich
desinteressiert und neugierig
gerade nah und doch so fern
wie ein grad verblasster Traum
irgendwie hab ich sie gern
und kenne sie in Wahrheit kaum

Bald schon reis' ich wieder ab
ein bisschen froh dass ich sie hab
der Mensch lebt nicht vom Blut allein
doch ohne es kann man nicht sein.

Am tiefsten Punkt

Am allertiefsten Punkt der Nacht
bin ich aus einem Traum erwacht
in meinem Bett, allein mit mir
seit Wochen träum ich stets von dir
von Luftschlössern und Eintagsfliegen
so gern würd' ich mit dir hier liegen

Stimmungscocktail

Schon an der Stimme kann ich's hören
vom ersten Wort an war's mir klar
Nuancen, die die Laune stören
vorwurfsvoll, subtil und wahr

Es liegt heut etwas in der Luft
schwebt herum, drückt aufs Gemüt
kein süßlich-schöner Blumenduft
wie er auf Sommerwiesen blüht

Es riecht nach unterdrücktem Frust
mit einem Tropfen Bitterkeit
im Abgang ein Hauch Streiteslust
dazu noch ein Schuss Selbstmitleid

Und ich kann den Streit schon ahnen
wie er von fern herüber zieht
Worte, die mich streng ermahnen
wie es manches Mal geschieht

Ich habe mich wohl falsch verhalten
mich nicht betragen wie erhofft
die Stirn zieht sich in tiefe Falten
die Miene steinern wie so oft

Nicht wie man's von mir erwartet
gehorsamst meine Pflicht erfüllt
bevor die Streiterei nun startet
ist man leider nicht gewillt
mir mitzuteilen was gewesen
worin mein Fehlverhalten lag

Würd's gern wissen, gerne lesen
was man mir vorwirft jeden Tag

Und ich denk' ganz still bei mir
wie schön wären doch Vorwurfslisten
von früher bis ins Jetzt und Hier
den Geist mal gründlich auszumisten

Für jedermann frei einsehbar
das Web 2.0 in Tadel-Form
knapp, präzise und ganz klar
nachvollziehbar und nach Norm

Perfekt nach Tag und Jahr sortiert
dann wüsst' ich jetzt, was Sache ist
könnt reagieren statt irritiert
bis das Selbstmitleid mich frisst

Hier zu stehen, dem Frust zu lauschen
der sich über mir ergießt
beginnt sich selber aufzubauschen
und die Laune mir vermiest

So schwelg' ich in Gedanken
in dieser schlechten Witterung
seh' mein Selbstbewusstsein wanken
und sag pauschal: Entschuldigung

Liebe ist...

Liebe ist wie ein Posaunist in C-Dur
Liebe ist wie eine CD von Pur

Liebe ist wie ein Veilchen am Wegesrand
oder am Auge weil man jemand im Wege stand

Liebe ist wie ein Honigkuchenpferd
Liebe ist wie die Hitze am Herd

Liebe ist wie ein Buchrücken
wie draußen im Sommer Frühstücken

Liebe ist wie vier Kilo Federn
Liebe ist wie Jonglieren auf Rädern

Liebe ist wie ein Obstsalat
Liebe ist wie eine Regionalexpressfahrt

Liebe ist wie ein Tierversuch
Liebe ist wie ein sehr gutes Buch

Liebe ist manchmal toll, manchmal Mist
doch Liebe ist eins - und wird es auch bleiben:
schwer zu beschreiben.

Kapitel 3
Vom Schreiben

LyrikPlag

Es war dereinst mal ein Poet
der grübelte im Stillen
wie Autorenruhm entsteht

Er war getrieben von dem Willen
feine Zeilen zu verfassen
mit den Großen sich zu messen
sich fröhlich inspirieren lassen
und notfalls dafür zu vergessen
wem genau der Text gehört
man könnte sich da ja bedienen
ist's auch ein wenig unerhört
ein böses Spiel mit guten Mienen

Wie fest gemauert in der Erde
steht er da und starrt gebannt
heut noch soll es lyrisch werden
gefällig und ganz schnell zur Hand
er grübelt so spät bei Nacht und Wind
welche Autoren zitierenswert sind

Ob er bei Ottos Mops mopst?
Obst holt, kotzt, forthopst.
Erzählt er von Ribbeck von Ribbeck im Havelland?
Und was da so von Birn' und Geschwafel stand.

Da, plötzlich, wird im Geist er klar;
noch steht er starr und schweiget,
doch aus den Wiesen steiget
Ideen-Nebel wunderbar.

Walle! walle
manche Strecke,
dass, zum Zwecke,
Tinte fließe
und mit reichem, vollem Schwalle
zum Gedichte sich ergieße.

Muse, lass dein blaues Band
wieder flattern durch die Lüfte;
süße, feine Tintendüfte
streifen ahnungsvoll das Land.

Erwartungsvoll mit Schreibgebärde
steht er da und starrt gebannt,
heut noch soll's Gedichtchen werden
frisches Bierchen sei zur Hand

Mit schnellen Schlucken leert er das Gebräu
das Helle da vor ihm ruft scheu:
„Ich sei, gewährt mir die Bitte,
in eurem Munde das Dritte."

Doch wie gewonnen, so zerronnen
verflogen die Ideen,
noch ahnt man sie am Ufer stehen
doch schon sah man sie gehen
sie verzichteten ganz weise
auf den letzten Teil der Reise
Der Dichterblick ist von der Ideen-Schwebe
so müd geworden, dass er nichts mehr hält.
Ihm ist, als ob es hier nur Schwebe gäbe
und hinter all der Schwebe keine Welt.

Und kurz und gut und jedenfalls
und ganz im Allgemeinen,
der Dichter, der fand leider als
er plagiieren wollte, keinen

„Gott sei Dank! Schon ist's vorbei
mit der Übeltäterei!!"

Und so folgte der Durchbruch
dann doch leider nicht
und was ist die Moral von dieser Geschicht?

Wer jetzt keinen Text hat, der schreibt keinen mehr.
wer jetzt nicht berühmt ist, der wird es auch bleiben
wird wachen, lesen, sich Schnaps einverleiben
und auf ewig an Sätzen wie diesen rumschreiben.

Schöpferglück

Einsam ist es oft zu schreiben
mit Ideen schwanger gehen
sie aus dem Hirn aufs Blatt zu treiben
wachsen und entstehen sehen

Sind sie dann in voller Pracht
schlussendlich aufs Blatt gebracht
regt in der Autorenbrust
sich Schöpferglück biblischer Maße
Freude und die starke Lust
es jedem Menschen auf der Straße
einzeln lauthals vorzutragen
doch würde mancher mich verklagen

Da nicht jeder Lyrik mag
egal wie episch oder schlicht
da Erinnerung finster nagt
an Folter im Deutschunterricht

Was hat der Autor sich gedacht?
Warum hat er's grad so gemacht?

Und so behalte ich's für mich
bleibe fern der vollen Straße
verbreite meine Lyrik nicht
in allzu nervtötendem Maße

Schreib Gedichte auf zuhauf
über Schuld und über Sühne
und hebe sie mir alle auf
für meine Lyrik-Lesebühne.

Offener Brief

Ach, ihr lieben Filmemacher
tut meinen Nerven nen Gefallen
lasst Kreativität erschallen
für Gute und für Widersacher

Ihr Kino-Zelluloid-Magnaten
lasst Helden nie nie niemals wieder
so dämlich dreist Passwörter raten.

Langer Atem

Die sanfte Morgenröte,
die am Horizont erglüht
wo die aufsteigende Sonne
leuchtend ihren Glanz versprüht

Man hört der Vögel leises Zwitschern
es rauscht sanft im Blätterdach
der Himmel blau und wolkenlos
in dem Moment werde ich wach

Dieser Woche zweiter Tag
schickt sich nun an, recht zu beginnen
schließt mit der achten Stunde ab
bin noch verträumt und wie von Sinnen

Just in diesem Augenblick
trifft mich der Sonnenstrahlen Schein
und ein Gedanke zieht vorbei:
so langatmig kann Lyrik sein

Zaubert Bilder für den Leser
voller Schönheit, voller Macht
in Prosa hieß es kurz und knapp:

Dienstagmorgen, kurz nach acht
bin gerade aufgewacht.

Für die Lyrik-Lesebühne „Dichtungsring" bitten wir jedes Mal im Vorfeld bei Facebook um ein Thema, zu dem dann Texte verfasst werden müssen. Dabei sind unter anderem die folgenden drei Gedichte entstanden.

Zungenbrecherqualität

Für fremde Zungen sind die Sprachen
oft tückisch und geheimnisvoll
ob in Husum, München, Aachen
auch Deutsch erzeugt da manchen Groll
mit unangenehm komplexen
Wörtern, Silben, ganzen Sätzen

Der nun folgende Beispiel-Satz
ist sinnlos, doch es war halt Platz:

Tschechische Chemiker checken weit weniger
als die Rhabarber-Barbara
deren Sommersprossen sprießen
so wie Wim Wenders wunderbar

Für mich recht einfach auszusprechen
simpel ist das Zungenbrechen
doch bin ich hier nie fremd gewesen
will schnell von Eitelkeit genesen
dass mir und allen klarer werde
sag ich es ganz ungehemmt:

Auf dem größten Teil der Erde
ist halt ein jeder von uns fremd

Homo Misanthropicus

Jan fährt durch die Innenstadt
von seinem Tagwerk matt und platt
plötzlich ein Blitz, dazu noch Donner
ins Auto kracht ein Siebentonner
der Blitzkasten speichert sein Bild
wie er hinter dem Lenkrad chillt
bei Rot über die Ampel brettert
der Lappen weg, der Golf zerschmettert

Zum Glück braucht's keine Sanitäter
jetzt sitzt er ein paar Tage später
dankbar für die BVG
in der U-Bahn nah der Spree

Von Rudow bis nach Spandau rauf
nur ungern nimmt er das in Kauf
der Weg ist weit und elend lang
doch Arbeit bringt ihm Geld und Rang

Mit ihm teilen sich die Bahn
und bringen ihn ganz nah dem Wahn

Businessmenschen, Hipster, Säufer
Obdachlosenblattverkäufer
Freaks, Fahrkartenkontrolleure
Miesepeter und Frotteure

Dazu noch Musiker, die stören
täglich 'Hit the road, Jack' hören
die ganze Strecke der U7
muss er ne ruhige Kugel schieben

Jan kann es so kaum erwarten
motorisiert neu durchzustarten

Fürs Fahrrad zu weit
das Taxi zu teuer
doch braucht er noch Zeit
und darf nicht ans Steuer

Drum spart er für Bestechungsgeld
und ein Auto, das gefällt

Damit von Rudow nach Spandau
er ohne eine alte Sau
in seiner Nähe zu ertragen
mit einem nagelneuen Wagen
er bald wieder fahren kann

Bis dahin wird der junge Mann
viermal täglich kontrolliert
bedrängt und es wird musiziert
zu nervigem Konservenbeat
nervös zuckt schon sein Augenlid

Weil er so sehr die U-Bahn scheut
er kommt zum Job macht sich bereit
beruflich ist Jan Therapeut
gegen Menschenfeindlichkeit.

Der Bischof

Starr steht er da auf weißem Grund
die Mütze spitz, sein Stab ganz rund
und schneckengleich
verbunden mit dem Himmelsreich
der Bischof sieht mich bärtig an
weil er mehr nicht tun kann
sagt nichts, tut nichts, optimal
wird nie Papst, nie Kardinal
entscheidet und er predigt nicht

Mit Bleistiftstrich ist er gemalt
in einem deutlich bess'ren Licht

Wie er da so vom Blatte strahlt
ist er befreit von allem Schlechten

Im Gegensatz zu einem echten
stellt der gemalte Glaubensmann
zumindest keinen Unfug an

Kapitel 4
Früher und Heute

Mal wieder

Mal wieder abends kinderlos
das erste Mal seit langer Zeit
die Vorfreude, ja die ist groß,
will heut noch weg und bin bereit

Mal wieder raus, mal wieder feiern,
nee, bis früh morgens tanz ich nicht
werd auch nicht saufen bis zum reihern
heimwärts stolpern, hackedicht

Brauch meine Fitness morgen wieder
gröl heut nächtens keine Lieder
mampf auf dem Heimweg keinen Döner
Vitamine wären schöner
werd nur gesittet feiern gehen
die Welt soll morgen sich nicht drehen
es muss ja nicht stets überborden
Mann, was bin ich alt geworden

Wunschdenken

Ich wünsche mir ein Land
mit Politik, die wortgewandt
klipp und klar die Meinung sagt
wenn wer zu einem Thema fragt

Deutlich, möglichst unverschwurbelt
Inhalt, der den Geist ankurbelt
bisher bleibt der Wunsch unerfüllt
jede Rede ist umhüllt

Von geistesleeren Phrasenblasen
verbal erzeugtem Vakuum
mit Wolkenschlössern drum herum

Ich wünsch mir, dass sie wer zersticht
und frag mich – warum mach ich's nicht?

Die rechte Ecke

Sie rufen wieder und sie schreiben
wer da kommt, der darf nicht bleiben
sie zündeln in Wort und Tat
gegen Verstand, Flüchtling und Staat

All das passiert nicht irgendwo
es passiert hier
und ich schäme mich so

Schäme mich, dass ich nichts unternehme
Schäme mich, dass es solche Leute gibt
denen ihr furchtbares Denken
heutzutage nicht mehr genügt

Und sie rufen auf zu Taten
und sie rufen auf zu Gewalt
wollen nicht schweigen, nicht denken und warten
sie kommen in jeder Gestalt
als Nachbar, als Freund, als irgendwer
reden und reden und denken nicht mehr
sie kommen in Jung und in Alt

All das passiert nicht irgendwo
es passiert hier
und ich schäme mich so

Nie zuvor in meinem Leben
hätte ich das je gedacht
es würd hier sowas wieder geben
hätt abgewunken und gelacht

Fremdenhass, in solchen Maßen
in deutschen Städten, deutschen Straßen
das gibt's hier nicht in diesen Tagen
wie von einem anderen Stern
selbst Rostock-Lichtenhagen
schien immer viele Jahre fern

Jetzt seh ich die Bilder und lese die Worte
seh die Dummheit marschieren durch allerlei Orte

Sie kommen in jeder Gestalt
als Nachbar, als Freund, als irgendwer
sie kommen in Jung und in Alt
und reden und reden und denken nicht mehr

Drum schweigt nicht, wenn das Gerede ertönt
auch wenn es Momente nicht gerade verschönt
redet dagegen, redet bestimmt
damit Rechte nicht denken, dass sie rechtens sind

Redet dagegen, jedoch mit Niveau:
Ich sehe das nicht so!
Ich sehe das nicht so?
Ich sehe das nicht so.

Egal wer da spricht, ob Jacke, ob Zwirn
lasst sie nicht reden, in all ihrer Wut
vielleicht findet manch einer dann wieder sein Hirn
oder den Anstand, schon das wäre gut.

Weitergehen

Abends vor dem Schlafengehen
es ist jetzt so kurz vor zehn
bleibe ich nachdenklich stehen
wie soll es nur weitergehen?

Das Kind hält mich des Nächtens wach
ich arbeite dazu am Tach
und schreibe Bücher, trete auf
lese vor und das zuhauf
fürs Kind und gern auch auf der Bühne
bringt Frohsinn und nur wenig Sühne

Zu wenig Schlaf und Ruhezeiten
lass vorbei mein Leben gleiten
Bild für Bild passiert's die Sicht
und denk:
na, schlecht ist es doch wahrlich nicht
anstrengend, dafür sehr schön
so wird's wohl auch weitergehen

Es geht halt weiter wie's das tut
und so ist es schließlich auch gut

Jobsuche

Es scheint so langsam ernst zu werden
Bekannte, Freunde, ganze Herden
vollenden nun ihr Studium
sie sorgen sich nun schwer darum

Wie soll es nur weitergehen?
Was ist am Horizont zu sehen?

Manche haben Zeug studiert
für das noch kein Job existiert

Wie soll es nur weitergehen?
Wohin soll der Wind sich drehen?

Ob Praktikum, Job, Taxifahren
sie bewerben sich in Scharen
um das Richtige zu finden
berufsanfangs-gemäßes Schinden

Bei manchem ist die Aussicht trist
ich seh entspannt von fern das Treiben
auch wenn mein Studium fertig ist
darf ich noch an der Uni bleiben

Stubenkoller

Ich sitze hier und kann nicht anders
ich sitze hier und kann nicht raus
im Fernseher quatscht Lilo Wanders
und ich schalte ihn nicht aus

Ich genese temporeich
einer müden Schnecke gleich
halt' mich fern von jedem Tresen
alle Bücher sind gelesen
alle Filme sind gesehen
nicht mal den Rasen darf ich mähen
muss mich schonen und verdrießen
kann höchstens mal die Blumen gießen

Ein so gar nicht wundervoller
schwer nerviger Stubenkoller
hat von mir Besitz ergriffen
und ungekämmt und ungeschliffen
sitze ich hier doof zuhaus'
und kann und darf leider nicht raus

Das Fernsehen kaum zu ertragen
Essen schlägt mir auf den Magen
Gesellschaft stärkt des Kopfes Schmerzen
mir steht die Laune nicht nach Scherzen

Und so heißt es weiter warten
bis die Abwehrkräfte starten
die Viren sind schwer totzukriegen
doch wird mein Körper sicher siegen

Inzwischen soll mein Geist verstummen
lass vom Fernsehen mich verdummen
vielleicht gelingt's mir währenddessen
den Stubenkoller zu vergessen.

Nein, Frau Doktor

Nein, Frau Doktor, so glauben Sie mir
wäre alles wie immer, wär ich jetzt nicht hier
schon klar, die Befunde sind inkonklusiv
nicht schlüssig genug, nicht informativ
und es ist ja nicht so, dass ich's nicht versteh
das Quartal geht zuende und auch Ihr Budget

Doch es schmerzt nunmal jetzt
und nicht erst in zwei Wochen
es krampft und ich habe mich mehrfach erbrochen
in den drei Stunden im Wartezimmer
und es wurden beim Warten auch
die Bauchschmerzen schlimmer
ich hatte natürlich auch keinen Termin
weil bis vor kurzem ja alles noch einwandfrei
schien

Nein? Sie können da leider nichts für mich tun?
Ich hab keine Zeit um mich auszuruhen
okay, ist schon gut, ich hab's ja kapiert,
ich bin ja auch keiner, der lang diskutiert

Sie verschreiben mir nichts mehr dieses Quartal
haben da selber auch gar keine Wahl
dann koch ich mir jetzt was, das ganz schrecklich
schmeckt
und hoffe auf den Placebo-Effekt
und sollt' ich gesunden und doch nicht krepieren
werd' ich am Ersten hierher marschieren

und ganz ehrlich, Frau Doktor, da möchte ich dann
aber zum Ausgleich das volle Programm

Spritzen, Tabletten und frischen Verband
Impfungen für Füße, Herz, Hirn und Hand
Antibiotika bis mir der Magen erweicht
damit's diesmal dann auch bis zum Quartalsende
reicht.

Moderne Kleingärtnervereine

Es wird Zeit mal kurz aufzuwachen
Laptop, Smartphone auszumachen
ins echte Leben zu migrieren
die Sucht ein wenig kontrollieren
die stete Gier nach Neuigkeit
nach fremder Fröhlichkeit und Leid
all diesen hochmodernen Sachen
dem digitale Überwachen

Was hat die Jana grad geliked?
Guck mal wieviel Haut die zeigt
auf ihren Urlaubsfotos hier
wo sie so tut als könnt' sie fliegen
am Ballermann nach vierzehn Bier.
Schau, da fällt sie von den Liegen
und auf dem Bild muss sie reihern.
Was hatte die da nur zu feiern?

Ach, der Theo hat gepostet,
dass er sich grad ein Sandwich toastet
mit Schinken und Tomatenscheiben.
Er hat das jetzt mal ausprobiert
und wird es sich gleich einverleiben
und jeder wird darauf markiert,
dass auch ja keiner vergisst
was der Theo heute isst

Björn und Anke sind im Kino
sehen Clint Eastwoods Gran Torino
und kommentieren das Film-Geschehen
bei Twitter mit dem Hashtag #Clint

Schreiben live auf was sie sehen
womit sie nicht alleine sind
Theo liked die Kommentare
Jana färbt sich grad die Haare
und lackiert sich noch die Zehen
im Kino ist wohl grad zu sehen
wie irgendwer heroisch stirbt
Theos Sandwich führt dazu,
dass er den Magen sich verdirbt
die Filmreview geht heiter weiter

Ich würd mich allzu gern abwenden
halb neugierig und halb genervt
versucht, selber was abzusenden
doch mein Blick, der ist geschärft
wie früher im Schrebergarten
kann es jeder kaum erwarten
zu sehen was der Nachbar macht
woraus sich dann ein Streit entfacht
doch jetzt wird es mir genug
ich gönn mir heute mal Entzug

Ein paar Stunden ganz allein
werden schon nicht schädlich sein

Analoge Ruhezeit, so vollkommen ungestört
das krieg ich hin, wär doch gelacht
und damit jeder davon hört
wird's gleich in Status-Form gebracht.

Mir selbst zum Geburtstag

Bin ein Schwede, ein Falter
ein Narr, ein Verwalter
kurz gesagt: Bin ein Alter
eine Hütte, ein Haus
seh zum Fenster hinaus
sehe Sommer und Herbst
es fror und es taute
ich schlotterte derbst
und schwitzte und glaubte
kaum die Hitze zu ertragen
ich durfte mich plagen
mit Sturm und mit Regen
durft' an Strände mich legen
und arbeiten gehen
beim S-Bahn erwarten
vor unzähligen Fahrten
mir die Füße wund stehen

Hab viel Neues erlebt
bin der Alte geblieben
neue Netze gewebt
neue Berge bestiegen

Ich lebe und liebe
und laber zuviel
laufe Schritt um Schritt weiter
genieße das Spiel
Runde um Runde
und Jahr um Jahr
und freu mich darüber:
ich bin immer noch da

Und das feier ich heute
und das darf man auch sehen
lad' sie ein, all die Leute
die den Weg mit mir gehen
zu Berg und zu Tale
stets voran ohne Sturz

Schmeiß mich in Schale
und putz mir die Schnute
dieses Jahr mach ich's kurz:

Wünsch mir selbst alles Gute!

Helden

Als ich noch klein und unscheinbar,
jung und unerfahren war
las ich von der großen Welt
bewunderte so manchen Held

Sherlock, Batman und James Bond
Winnetou und Shatterhand
immer gut und stets gerecht
bei Prügelei und Wortgefecht

Ich wollte so sein wie sie
nur traute ich mich leider nie
las die Bücher, Comics, Hefte
bewunderte die Superkräfte
und ihre Zivilcourage
kein Funken Spott oder Blamage
stand ihnen damals je im Weg
manch einer spießig, mancher schräg

War noch zu klein und unerfahren
doch wusste ich, in späteren Jahren
würd' ich auch schwere Fälle lösen
kämpfen gegen all die Bösen
löse Fesseln, spreng die Ketten
als Superheld die Welt zu retten

Erfahrung kam und Jahre gingen
Zeit verflog auf schnellen Schwingen
ich wurde groß, scheinbar erwachsen
schlug mir aus dem Kopf die Faxen

Bin kein Superheld geworden
bewahr' nicht vor Gewalt und Morden
doch was ich las hat mich geprägt
mich immer wieder sehr bewegt
und seine Spuren hinterlassen
zieh nicht los um sie zu fassen
die bösen Menschen überall
wie Sherlock Holmes von Fall zu Fall
es in den Büchern oft getan
hab keinen Heldenanzug an
häng' mir kein Cape um, oder Tücher
stattdessen schreib ich selber Bücher

Vergangene Zeiten

Ich streiche den Staub weg von der Kiste
die ich vor Jahren einmal bestückt
wenn ich schweren Herzens meine Sachen
ausmiste
ist mein Kopf längst in die Ferne entrückt

Tauch ein in die vergangenen Jahre
seh' Überreste einer vergessenen Zeit
die Dinge, die ich hier aufbewahre
beschwören den Geist der Vergangenheit

Uralte Fotos, Farben, Gerüche
legen mir tiefste Erinnerung frei
die Tante backt Kuchen in ihrer Küche
ich staune und nasche und sitze dabei

Ein Haufen verstaubter Kuscheltiere
Sand in der Flasche aus dem Mittelmeer
aus Lego gebaute, kleine Quartiere
für Polizei, Diebe und Feuerwehr

Die Spieluhr, an der ich als Kind so gern zog
und alle damit in den Wahnsinn trieb
bis sie irgendwann auf den Dachboden flog
und schweigend und stumm für immer hier blieb

Alte CDs und vergilbte Bücher
brauch' sie nie mehr und schmeiß' sie nicht weg
Metallica-Fahnen und riesige Tücher
ein schon lange verstorbenes Kassettendeck

Ich behalte fast alles und trenn' mich vom Rest
und auch wenn ich einst alt bin, vergangen die Zeit
darf die Kiste nicht leer sein, steht fest bereit
für meinen Kurzurlaub in der Vergangenheit.

Ungewissheit

Ich warte, sitze, denke nach
träum Zukunftsträume Tag für Tag
steh an der Kreuzung, darf nicht gehen
so viel voraus, doch nichts zu sehen
tausend Wege, nur ein Ziel
glücklich sein in diesem Spiel
glücklich sein, glücklicher werden
sich tagtäglich selber erden
um nicht so hoch hinaus zu streben
und dennoch nicht zu klein zu Leben
nicht voller Angst, nicht arrogant
ich selber hab es in der Hand
den perfekten Weg zu finden
mich auf Arbeit oft zu schinden
dann mühsam Freizeit freizumachen
für alle jene tollen Sachen
von denen ich auf Arbeit dann
beim Ackern noch berichten kann

Bis zur Rente, Jahr für Jahr
steh ich dann und wann am Tresen
zurückblickend auf das was war
und auf das was wär gewesen
festgefahren und unbändig
mittelmäßig, bodenständig

Irgendwie macht's keinen Spaß,
das perfekte Mittelmaß.

Kapitel 5
Kindereien

Diese eine Zeit

Sitz mit meinem kleinen Sohn
zwei Jahre mittlerweile schon
frühmorgens in der Trambahnfahrt
die das Kind zur Kita karrt

Um uns Kinder, Jugendliche
auf dem Weg zum Schulbank-Drücken
unfassbare Schweißgerüche,
die Sauerstoff im Keim ersticken

Doch deutlich schlimmer sind Gespräche
vor Coolness und Testosteron
und Meinung strotzen sie nun schon,
dass ich mich doch ganz gern erbräche

Wer auf wen steht, wer mit wem geht
wer hat wen mal was gefragt
und wer hat darauf was gesagt

Lauter Hähne, viele Körbe
Mädels die man gern umwörbe
hormonerfüllt und nix dahinter

Da sitz ich in der Tram im Winter
erinner mich an meine Jugend
Große Sprüche, wenig Tugend
an Stimmbruch, Akne, diesen Scheiß
den ganzen Mädels-Teufelskreis

Von flirten wollen und nicht können
peinlich stumpfem Frauen-nachrennen

Schau meinen Sohn an, denk bei mir
ein paar Jahre bleiben dir
dann ist vorerst alles zu spät
ich fürchte mich, mein Sohnemann,
vor deiner Pubertät.

Sturmfreizeit

Endlich Freizeit, endlich Ruhe,
Frau und Kind sind aus dem Haus
hol meine Jacke, schnür' die Schuhe
kauf Bier und Chips zum Festtagsschmaus

Zuhaus leg ich die Füße hoch
Schlaf, Fernsehen und Chillen
nach Feierabend nix zu tun
Lieferservice oder Grillen

Das sind heut die großen Fragen
ich kann allein die Antwort sagen

Ein paar Tage nur für mich
doch kaum allein schon spüre ich
wie sehr das Kinderlachen fehlt
und die Nähe meiner Frau
das ist es, was wirklich zählt
ich weiß es doch genau

Bin um ein wenig Ruhe froh
weil ich weiß: Es bleibt nicht so
und bald schon sind sie wieder da:
die Lieblingsmenschen, wunderbar!

Wochenendausflug

Zeit für ein Ostseewochenende
haben wir uns so gedacht
gesagt, getan und Zug gebucht
gepackt und uns fertig gemacht

Nun nähert sich die Abfahrtszeit
"Schatz, beeil dich. Zeit zu gehen"
Sie sagt, das Kind hat starken Husten
Husten? Wir haben ein Problem

Schnupfen, Rotz und Heiserkeit
sind recht ungünstig derzeit

Dann muss ich wohl allein verreisen
sag ich als sei alles in Butter
und will heimlich zur Türe schleichen
"Nichts da!" ruft die Kindesmutter

Na gut, dann bleib ich halt zuhaus
kurier das Kind in Ruhe aus
und vielleicht, wir werden sehen
können wir bald urlauben gehen

Arbeitsbedingungen

Viel Arbeit, das macht jedes Kind
weil Kinder ganz einfach so sind
braucht Zeit und auch Aufmerksamkeit
bringt viel Freude, Heiterkeit

Doch dafür die Bedingungen
sind natürlich notgedrungen
keinem Tarifvertrag entsprungen

24-Stunden-Schichten
Wutanfälle musst du schlichten
pflegen, wickeln, duschen, füttern
all dies obliegt nicht nur den Müttern

Nein, auch Väter dürfen ran
bis man manchmal nicht mehr kann
doch ein Recht auf Urlaubstage
statt Gretchen- nun Großelternfrage

Und die, die wohnen weit weit weg
nicht immer Zeit zu diesem Zweck
extra so weit anzureisen
der Alltag würde grob entgleisen

So beschließt der Arbeitnehmer
häufig Eltern auch genannt
wird der Stress immer extremer:
jetzt wird aber mal entspannt

So gibt's alle paar Wochen Tage,
da ist es einfach nicht die Frage
„Darf das Kindchen Filme gucken?"
Schau wie da unsere Achseln zucken
Kinder-DVDs hinein
ab auf die Couch, das wird so fein
wir relaxen, Kindchen glotzt
heute wird nicht mehr gemotzt
und auch nichts Sinnvolles getan
ständiger Erziehungswahn

Kriegt das Kind heut Süßigkeit?
Klar, da steht es doch bereit
wenn die leer sind
- kriegst du mehr, Kind
Iss sie auf, echt, ungelogen
ab morgen wird wieder erzogen.

Größer werden

Er reift heran, der junge Mann
kommt an manches nun schon dran
von dem ich dacht' es wär gesichert
Papa guckt blöd, Söhnchen kichert

Die DVDs fehlen im Regal
das Mehl, das ist im Flur verteilt
und drin gewälzt liegt Mamas Schal
der junge Mann hat sich beeilt

Das Klopapier ist abgerollt
der Geschirrspüler spült leer
Papa grinst nur ungewollt
und richtet's alles wieder her

Winzig

Schau, das ist deine Mama
die dich in sich trug
hier bin ich, dein Papa
sah deinen ersten Atemzug.

Winzig kleine Hand,
die meinen Finger hält
du schönes Menschenkind

Willkommen auf der Welt

Nachwuchs

Wochenlang hab ich gezittert
bin vom Berg ins Tal geschlittert
auf dem Weg der Emotionen
wir werden bald das Kind entthronen

Hoffentlich kommt er gut klar
ist lieb zu ihr und hält sich wacker
nicht böse oder sonderbar
der kleine - jetzt dann große - Racker

Und eines Tags ist es soweit
mit neugeborenem Töchterlein
winzig, süß und zart und fein
wir sind zuhause, es wird Zeit
dem Großen sie jetzt vorzustellen
sich zu ihm rüber zu gesellen

Sprech schnell noch Gebet und Bitte
doch er findet sie ganz niedlich
das Baby da in unserer Mitte
ist lieb, fröhlich und völlig friedlich

Er will sogar noch mit ihr schmusen
verhält sich sonst auch ganz nach Sitte
ich fürchtete welch Leid er litte
das Baby saugt an Mamas Busen
der Große nimmt alles gelassen
und ich, ich kann es kaum noch fassen

Er macht sich Sorgen weil sie weint
man gutes Essen ihr verneint
so schlägt er ganz ohne Humor
uns allerhand für's Baby vor:

Baby weint – mag sie ein TicTac?
Oder irgendeinen anderen Schnick – Schnack?
Spielzeug? Will sie Fernsehen gucken?
Oder Apfelschorle schlucken?

Baby weint – will sie ein Eis?
Eltern sind der letzte Scheiß!
Von denen kriegt das Schwesterlein
nix außer Brust, das ist gemein.

Erziehung ist scheiße

Sitz gerade
iss mal richtig
sei lieb und freundlich
das ist wichtig

Und hör auf deine Eltern
die sind erziehungsberechtigt
wissen, was im Leben zählt
sind zur Erziehung auch ermächtigt
vom Leben wissend und gestählt

Sei nicht vorlaut
red keinen Stuss
sei nett, charmant und selbstbewusst

So hörte ich als Kind die Sätze
bekam davon gern mal die Krätze
und dachte so bei mir ganz leise:
Erziehung – das ist ja mal scheiße

Heut hab ich zwei Kinderlein
finde die ganz toll und fein
doch an manchen langen Tagen
hör ich mich dann selber sagen:
sitz gerade
iss mal richtig
sei lieb und brav
das ist sehr wichtig

Hör auf uns und hör auf mich
das ist ganz ganz dolle wichtig
muss streng sein, die wollen Grenzen testen
darf nicht verhätscheln und nicht mästen
ihnen nicht alles erlauben

seh die rotverheulten Augen
im Supermarkt vor Schokolade
Üb ich Strenge? Gibt es Gnade?

Und ich denk bei mir ganz leise:
Erziehung ist für alle scheiße

Kassettenkind

In lang vergangenen Kindertagen
konnt' ich's oft nur schwer ertragen
wie schrecklich zäh die Zeit verstrich
zum Glück gab's einen Trost für mich:

Mein blau-schwarzes Kassettendeck
stets bereit für neuen Stoff
erzählte mir von Spaß und Schreck
von noblen Taten und von Zoff

In frühen Jahren Hand in Hand
Benjamin Blümchen, der Zoo-Elefant
hat mit Otto seinem besten Freund
und Karla Kolumna die Stadt aufgeräumt

Später Alf, der bei Tanners lebte
von Melmac hier zur Erde schwebte
klein, mit braun behaarten Tatzen
und hungrig auf das Fleisch von Katzen

Der Drache Flitze Feuerzahn
als Kind schon an der Autobahn
von seinen Eltern ausgesetzt
doch mittlerweile gut vernetzt
mit Rabe Raps voll Sturm und Drang
und dem Käpt'n Buddelmann

Ungestüm waren eh und je
die Bande der TKKG
Tarzan, Karl und Klößchen
mit der damals neuen Note
und Gaby, die Pfote
in jener Millionenstadt
die viel zu viel Verbrecher hat

Oft ging's mit Bob, Peter und Justus,
zum Knacken mancher harten Nuss
von Rocky Beach am Schrottplatz Jonas
sogar bis hin zum Amazonas
sie konnten schwere Fälle lösen
stets im Kampf gegen die Bösen
denen sie die Karte reichen
die legendären drei Fragezeichen

Und heute, viele Jahre später
ist nach wie vor alles beim Alten
ich wuchs zwar viele Zentimeter
bekam Bartwuchs und erste Falten

Doch wenn Tage zäh verstreichen
bin ich oft schwer zu erreichen
da surrt das Smartphone vergeblich
da gibt's klassischen Trost für mich:
dann hör ich die drei Fragezeichen.

Kapitel 6
Von Narren und Träumen

Werbebetrug

Werbung verspricht mir große Brüste
zeigt mir Sushi-Ess-Gelüste
doch mag ich keinen rohen Fisch
brauch auch keinen neuen Tisch
aus, ach, so feinem Eichenholz
bin auf die Fitness jetzt nicht stolz
doch werd kein Sportstudio besuchen
will keine Massage buchen
Kurztrips bietet man mir an
die ich derzeit nicht machen kann
auch Reisen, doch hab ich keine Zeit

Mir wurde versprochen, ich werd überwacht,
sie wissen angeblich so viel über mich
doch im Alltag scheint mir das
ist so wohl nicht richtig

Lange ist's noch nicht so weit
dass Werbeleute mich gut kennen
können Geschmack wie es mir scheint
bisher nur marginal benennen

Na gut, mehr Daten jetzt ins Netz
mein Datenschutz, den ich verletz'
bis ich mit erstaunter Miene
endlich all die Werbung krieg,
die ich verdiene.

Große Fragen

An manchen langweiligen Tagen
stell ich mir die großen Fragen:
wie wohl so ein Iltis riecht?
Wie man auf dem Zahnfleisch kriecht?

Und wer ist wohl Familie Hempel
und was ist los mit deren Krempel
unterm Sofa – unerhört,
dass der so viele Leute stört

Doch zumeist dauert's nicht lang
bis irgendein Gedankengang
eilig kommt herbeigeeilt
und die Gedanken neu verteilt

Im Dunkeln ist gut Munkeln

Ich sitze da in Dunkelheit
such auf dem Teller nach dem Essen
es ist nicht so als hätt' man hier
die Beleuchtung schlicht vergessen.
Nein, das Konzept des Restaurants
ist Essen in der Dunkelheit
das gibt dem Menschen so die Chance
für ein Stück mehr Empfindsamkeit

Erfahrung des Geschmacks allein
ich esse feinstes Fleisch vom Reh,
es könnt' aber auch Hähnchen sein,
und mir kommt eine Idee

Ein Dunkelsupermarkt muss her
im Dunkeln sucht man ganz nativ
tastet sich durchs Warenmeer
erlebt den Einkauf intensiv

Ideen entstehen ohne Halt
wer mutig ist, der geht alsbald
zur Dunkelfriseuse
wartet, hofft und macht nervöse
Gesten, doch darf auf keinen Fall er zucken,
denn die Friseuse kann nicht gucken

Und kommt ihr doch die Schere aus
geht's ins Dunkelkrankenhaus
die Entscheidung war fatal
der Chirurg betritt den Saal
stellt sich vor: "Ich bin der Klaus"
und macht erstmal die Lichter aus.

Relativ schwer

Die Lungen werden enger
die Luft zum Atmen fehlt
Atemzug um Atemzug
der meinen Brustkorb quält

Werden die Schmerzen größer
die Panik baut sich auf
die Bewegungen nervöser
Angst vor dem weiteren Verlauf

Der Versuch fällt schwer
alles zu relativieren
der eigene Körper ist viel näher
als fremdes Leid bei Mensch und Tieren

Hungersnöte, Weltschmerz, Krieg
und die Sorgen anderer Leute
Gier, die statt Sozialem siegt
allzu oft im Hier und Heute

An all das will ich denken
doch er fällt wahnsinnig schwer,
der Versuch mich abzulenken,
die Lungen quälen allzu sehr

Und so muss ich mit ernstem Herzen
in aller Ehrlichkeit gestehen
was kümmert mich das Weltgeschehen?
Ich will nur atmen ohne Schmerzen
und langfristige Hoffnung sehen.

Was glücklich macht

Das Lächeln meines Kindes
nach einer ruhigen Nacht

Der Blick in die Morgensonne
ist man gerade aufgewacht

Eine feine Lieblingsspeise
dampft in ihrer ganzen Pracht

Ein Tag der sanft vergeht
vorbeischleicht mit Bedacht

Ein kühles Bier am Abend
vom Kühlschrank gut bewacht

Der Rhythmus der Musik
der Stimmungen entfacht

Eine schöne Zeile
ganz plötzlich erdacht

Ein stimmungsvoller Text
in kurzer Zeit vollbracht

Das alles vereint
ist was mich glücklich macht

Manchmal

Ob drinnen, draußen, ob am Tresen
bin stets ein friedliebendes Wesen
starte keine Schlägereien
kann viel vergeben und verzeihen

Doch manchmal... manchmal träume ich
zum Beispiel drängelt jemand mich
hektisch bis zum Herzinfarkt
zur Seite hier im Supermarkt
gäb ich ihm gern nen Nackenschlag
ich ging vorbei, sag guten Tag
und tret noch gegens Schienenbein
da prägt sich Höflichkeit leicht ein
und wenn mir wer die Vorfahrt nimmt
wird der ganz freundlich und bestimmt
mit dem Kopf ins Klo gesteckt
was große Freude mir bezweckt

Lässt der Nachbar stundenlang seinen blöden
Köter kläffen
soll ihn der Blitz beim Scheißen treffen.
Wer im S-Bahn-Ausgang steht
und tunlichst nicht zur Seite geht,
dem reiß ich unter viel Applaus
jedes Kopfhaar einzeln aus
und urinier ihm in sein Bier
um ihn dafür abzustrafen
da erwacht das Tier in mir
und legt sich auch gleich wieder schlafen
zu all den anderen Träumereien
Und kichert leise:
lass es sein.

Warum ich so zufrieden bin

Was ist denn nun schon wieder lustig
fragst du wenn ich lache
wenn ich meine Zeit genieße
fragst du was ich schon wieder mache

Warum ich so zufrieden bin
fragst du allen Ernstes
und da sag ich ganz bewusst:

Weil ich von hier weggehen kann
und du stets bei dir bleiben musst

Ich wär gern ein Pandabär

Ich wäre gern ein Pandabär
so traumhaft flauschig monochrom
die Umstellung wär gar nicht schwer
groß und tapsig bin ich schon

Würd' im Zoo gemütlich hausen
mich vergnügt begaffen lassen
jede Menge Bambus schmausen
bestaunt von den Touristen-Massen

Tag für Tag das ganze Jahr
lass ich mir den Pelz bescheinen
mach mir Panda-Damen klar
bin völlig mit mir selbst im Reinen

Bei Schnee, bei Regen und zur Nacht
setz ich mich rein ins Panda- Haus
das ist warm und gut bewacht
keiner kommt rein und wir nicht raus

Alles wird für mich gemacht
geputzt, gekehrt, Essen gebracht
ich kümmert mich um gar nichts mehr.

Mann, wär ich gern ein Pandabär.

Im Kreuzverhör

Warum wir hier sind, fragst du dich?
Warum wir dich befragen?
Zur Sicherheit, versteht sich,
also kein Grund zu klagen

Nun, es ist ja schon verdächtig,
wie du da sitzt und bangst,
denn wer nichts zu verbergen hat
der hat auch keine Angst

Und gestern erst, im Edeka
hast du seltsam oft ganz sacht
nach Kameras geguckt, das war
als fühltest du dich überwacht

Weshalb googlest du nach den Systemen
die dich vor Verfolgern schützen?
Ich muss dir da die Hoffnung nehmen
die werden dir nicht sehr viel nützen

Nun es ist ja schon verdächtig,
dass einen Anwalt du verlangst
denn wer nichts zu verbergen hat,
der hat auch keine Angst

Ein unbescholtener Bürger, der
verschlüsselt keine Daten
dann haben wir keinen Zugriff mehr,
davon ist schwer abzuraten

Was bist du? Nazi? Terrorist?
Wie? Nur auf Sicherheit bedacht?
Ach, hör doch auf mit diesem Mist
nein, du wirst nicht „überwacht"

Es geht um deine Sicherheit
das darfst du nie vergessen
ist ja wohl keine Kleinigkeit
wir kümmern uns nur angemessen

Ich wäre gern ein alter Mann

Ich freu mich schon auf meine Rente
sitz stundenlang entspannt im Park
füttere mal hier ne Ente
geh mal da ein Stück spazieren
ess selbst ganz viel Püree und Quark
hab Zeit zu schreiben, Zeit zu lesen
lass vom Essen mich verführen
nie ist es so entspannt gewesen

Jetzt ist Zeit es zu genießen
Landschaft, Leben und Kultur
seh die Blumen wie sie sprießen
bestaune Wunder der Natur

Am Abend setze ich mich dann
schön gemütlich an mein Fenster
so dass ich alles sehen kann
nicht Tiere oder gar Gespenster
nein, ich mein die jungen Leute
ausgehfreudig auf der Balz
beschau mir ruhig die ganze Meute
öle mir noch kurz den Hals

Dann bring ich laut Beschwerden an,
dass früher alles besser war
Frau noch Frau und Mann noch Mann
Musik noch gut, Freundschaft noch wahr

Die Hosen längst nicht so zerrissen
keine Piercings und Tattoos
die Schuhe noch nicht so verschlissen
keine Handys, mehr Tabus

Den ganzen Abend wird gepöbelt
jeder lässt mich alten Mann
ich sitze da, ganz unvermöbelt
und schau mir ihren Ärger an

Frei von der Leber weg zu schießen
und den ganzen Lebensrest
Narrenfreiheit zu genießen
ich weiß schon jetzt:
das wird ein Fest.

Da mir für eine Lyrik-Lesebühne Auszüge aus einem Roman zu lesen unpassend vorkam, ich ihn aber trotzdem dort bewerben wollte, fing ich irgendwann an, meinen ersten Roman „Jack Rodman" nach und nach in Gedichtform umzuschreiben und bei Auftritten einzelne Teile davon zu lesen.

Die ersten davon sind im folgenden Anhang zu finden.

Jack Rodman - die ganze Wahrheit
ist im Periplaneta Verlag erschienen.

Print ISBN: 978-3-940767-93-6
ePub ISBN: 978-3-943876-31-4

Anhang

Jack Rodman –
der ganzen Wahrheit
erster Teil

1

Ein jähes Klingeln ist zu hören
der Mann, er hebt die Lider,
wer wagt es, ihn im Schlaf zu stören?
oh, er erkennt sie wieder

Die Wohnung die sein eigen ist
langsam nur kommt er auf Trab
erhebt sich müde, matt und trist
nun schaltet er den Wecker ab

Die Freundin schläft im Bette noch
die Augen rot von Tränen
so lang lief es jetzt gut - und doch
man sollte sich nie sicher wähnen

Sein Job, die Wohnung – alles stört
mit ihr war nicht zu scherzen
sie hat den Wecker nicht gehört
die Dame seines Herzens

Den Schlafanzug, den zieht er aus
und faltet ihn, muss Ordnung machen
auf einem Fach im Schrank steht
„Dienstag" – draus
holt er seine Anzieh-Sachen.

2

Schnell angezogen, frisch gemacht
zum Auto raus in aller Eile
betrachtet rundherum die Pracht
ein Augenblick, der kurz verweile

Keine Ghettoblaster röhren
Keine Nachbarn die hier feiern
Keine Übermuttis stören
Keine Betrunkenen die reihern

So lange lebt er nun schon hier
seit seiner Eltern Unfalltod
sie hinterließen ihn schockiert
doch ohne finanzielle Not

Er kehrt ins Hier und Jetzt zurück
fährt los zur Arbeit eilig
auch wenn die Stimmung tief bedrückt
Pünktlichkeit, die ist ihm heilig

Im Autoradio erklingt
Musik, die er geschrieben
er hört wie seine Stimme singt
Erfolg ist leider ausgeblieben

So spielt und singt er nur für sich
schreibt und nimmt die Lieder auf
schafft liebevoll und schwerst gründlich
in seinem Keller Songs zuhauf.

3

Sven denkt an seine Freundin Lara
tätowiert und hübsch und schlank
warum sie ihn mag, wird ihm nie klarer
gestern haben sie sich gezankt

Und derart knietief in Gedanken
im Radio noch sein Gesang
kommt er auf der Arbeit an
Zeit, die Laune aufzutanken

Am Tag ruft ihn sein Chef verlegen
bittet Sven ihn zu vertreten
er muss nun weg, die Mutter pflegen
sowas hat der noch nie erbeten

Ab Morgen schon, gar nicht verkehrt
Sven ist stolz und sehr geehrt
fährt abends in der Hoffnung heim
die Frau wird nicht mehr böse sein.

4

Der nächste Tag und früher Morgen
Sven fährt los zur Arbeitsstelle
ohne Kummer, ohne Sorgen
dafür mit stolzem Brustgeschwelle

Schließlich darf jetzt Chef er sein
zumindest erstmal temporär
er biegt auf seinen Parkplatz ein
freut sich seines Lebens sehr

Da bemerkt er Polizisten
zwei an der Zahl, mit ernstem Blick
ja mit ganz schön angepissten
Mienen blicken sie zurück

Der eine sagt „Ich heiße Schneider
und Brinck heißt mein Kollege dort"
Die Blicke stimmen Sven nicht heiter.
Er stellt sich vor, sie fahren fort

„Wo ist denn ihr Chef geblieben?"
fragt ihn Schneider streitbereit
Sven entgegnet ganz entschieden
er vertrete ihn derzeit

Solang in Griechenland er sei,
die Herren wechseln einen Blick
und Brinck sagt ehrlich und ganz frei
„Tja, der kommt nicht mehr zurück"

„Geld veruntreut hat der Mann"
und Sven antwortet schockiert „So so,
Weiß nicht was ich da tun kann"
Sie gehen gemeinsam ins Büro

Klar ist der Chef nicht zu erreichen
Sven hat sich in ihm verschätzt
geht nicht ans Handy und dergleichen
Sven ist vollkommen entsetzt

Die Polizisten ziehen von dannen
der Firmenboss ruft an und spricht
er sagt „Erzählen sie's allen Mannen,
wir machen die Filiale dicht!"

Auf dem Nachhausweg ist die Laune
alles andere als famos
Sven fühlt sich wie ne Trockenpflaume
seinen Job, den ist er los

Was wird bloß seine Freundin sagen,
die grad eh recht zickig ist
wenn er versucht sein Leid zu klagen
„Ach, das ist doch alles Mist."

Er beschließt ihr was zu kochen
will sie gern versöhnlich stimmen
Tintenfisch und Stachelrochen?
„Nee, Pasta reicht", denkt er von Sinnen

Er fürchtet sich so vor dem Streit
der Tag verwirrt ihn immer noch
beim Kochen fehlt ne Winzigkeit
vom Rezept – wie ging das noch?

„Ich werf schnell ihren Laptop an,
der hier in der Küche steht"
Er denkt er darf da schon mal dran
„Ich schau auch, dass es ganz schnell geht"

Prompt kommt eine E-Mail an
der Mund, der bleibt Sven offen stehen
sie kommt von einem fremden Mann
auf einem Bild ist da zu sehen

Wie seine Freundin fremd verkehrt
Entsetzen ihm das Bild beschert
und Sven entfährt es da ganz schlicht
„Also so geht das ja nicht."

Völlig entsetzt starrt er darauf,
das Unheil nimmt prompt seinen Lauf.

Mein Dank geht an...

...meine Frau, meine Kinder, meine Familie und alle, die dem, was ich so schreibend treibe, wohlgesonnen beiwohnen.

Homepage: www.arno-wilhelm.de
E-Mail: mail@arno-wilhelm.de
Twitter: @larrydevito